AF451634

LA MORT ET LES FUNÉRAILLES

DE

MGR BERTEAUD

ÉVÊQUE DE TULLE

1798 — 1842 — 1879

Defunctus adhuc loquitur

TULLE

IMPRIMERIE CRAUFFON ADMINISTRATIVE ET COMMERCIALE

10, rue du Fouret et place Saint-Bernard, 1

Prix : 25 cent.

Tulle, 2 mai 1879.

Cette nuit, Mgr Jean-Baptiste-Pierre-Léonard Berteaud, ancien évêque de Tulle, a rendu le dernier soupir, au château de la Morgnie, où il s'était retiré le 7 avril dernier, à l'arrivée de son successeur.

Depuis plusieurs mois, tout en conservant la plénitude de ses remarquables facultés intellectuelles, Mgr Berteaud voyait s'affaiblir rapidement ses forces physiques ; le cher vieillard ne se faisait même pas d'illusions sur son sort, et, sur le point de quitter notre ville qu'il aimait tant, il avait dit, avec une tristesse sereine, en montrant le Puy-Saint-Clair, notre champ du dernier repos : « — J'irai bientôt rejoindre ma mère ! »

Ce n'est pas à nous qu'il appartient, et surtout à cette heure tout entière à la tristesse, de retracer le long apostolat évangélique de Mgr Berteaud, depuis ses brillants débuts dans la chaire chrétienne jusqu'à cette fin touchante dont les ombres de la mort n'ont pu altérer la lucidité et le calme.

Comme nous l'écrivions ici récemment, la main du vénérable octogénaire avait pu faiblir sur le bâton pastoral, mais la tête du théologien, de l'orateur, du poète, se montrait toujours vaillante, toujours pleine d'énergies, toujours vibrante de ces harmonies que la Foi, l'Apostolat, le Patriotisme lui avaient inspirées avec tant d'éclat dans sa carrière sacerdotale.

Nous venons de relire à l'instant avec une émotion profonde la dernière lettre pastorale du vénéré prélat : « En cessant d'être votre Evêque, écrivait-il au clergé et aux fidèles de son diocèse, nous ne cesserons pas d'aimer vos âmes et de prier pour elles. Notre amour grandira, s'il est possible, dans notre solitude ; notre prière sera la plus douce consolation des jours qu'il nous sera donné de passer encore ici-bas. De votre côté, N. T. C. F., vous n'oublierez celui qui fut votre Evêque. Vous demanderez pour lui à Notre-Seigneur le pardon de ses négligences ; vous lui obtiendrez d'être reçu un jour dans le sein de sa miséricorde. Puissions-nous nous trouver ensemble au pied du trône de Dieu ! Puissiez-vous être là-haut la gloire et la couronne de votre vieil Evêque ! »

Aujourd'hui, la mort a imposé le sceau suprême à ces dernières pensées de celui qui eut parmi nous, durant trente six ans, « la glorieuse mission de prêcher la vérité et de combattre le mensonge et l'erreur ; » tous les fils des grandes croyances spiritualistes de notre évêque, tous les admirateurs de notre éloquent apôtre, tous les témoins de l'inépuisable bonté du plus charitable des prêtres, vont donc s'associer dans une douloureuse communion de regrets.

C'est, dit-on, la voix du grand évêque et futur cardinal de Poitiers, Mgr Pie, ami du regretté prélat, qui doit, sur la demande de Mgr Denéchau, prononcer l'oraison funèbre aux funérailles solennelles que prépare l'église de Tulle ; mais il est une autre parole qui portera aussi son témoignage éclatant sur cette tombe de Mgr Berteaud : c'est la douleur de tous les enfants qu'il a bénis avec tendresse, de tous les pauvres et déshérités qu'il a secourus avec modestie, de tous les affligés qu'il a consolés dans des heures de déchirement et d'abandon avec les inépuisables trésors de son cœur aimant et compatissant !

---

5 mai.

Mgr Denéchau, désirant que tous les honneurs possibles soient rendus à son illustre et vénéré prédécesseur, a ordonné que le bourdon de la cathédrale et toutes les cloches de la ville de Tulle sonneraient le glas trois fois par jour, à l'heure de l'*Angelus*, jusqu'après la cérémonie de l'enterrement. De plus, Sa Grandeur a invité l'archevêque de Bourges, métropolitain de la province ecclésiastique, à venir présider les obsèques, et les évêques suffragants, c'est-à-dire ceux de Clermont, de Limoges, de Saint-Flour et du Puy à y assister. Pareille invitation a été adressée aux évêques de Périgueux, Cahors et Poitiers. Ce dernier, ami intime de Mgr Berteaud, sera chargé de prononcer l'oraison funèbre.

La nouvelle de cette mort est toujours la seule préoccupation de notre ville ; partout les regrets sont vifs, émus et sincères.

Notre ancien évêque pouvait avoir, en effet, des brusqueries de caractère comme des paradoxes d'esprit, mais il était essentiellement bon et généreux, et il ne doit pas laisser un ennemi, pas *un seul* ; en outre, comme il aimait à rappeler souvent son origine modeste, le Peuple l'en remerciait en s'enorgueillissant de sa charité, de son éloquence et de sa gloire épiscopales; enfin, s'ajoutait à tout cela l'habitude qu'il avait prise, suivant la parole du divin Maître, de laisser venir à lui les petits enfants, qui lui faisaient, à chaque sortie, une escorte bizarre et gracieuse de tout un petit monde trottinant et se disputant à l'envi les caresses du vieillard et l'anneau du pontife.

La dernière lettre pastorale de Mgr Berteaud, dont nous parlions vendredi, avait été une sorte de pieux testament, et la

population du diocèse l'accueillit ainsi, avec le respect le plus
grand et l'émotion la plus sincère.

Dès le commencement de l'autre semaine, le dénouement fatal
d'un dépérissement qu'aucune maladie particulière ne caracté-
risait, avait paru se rapprocher ; jeudi matin, S. G. avait à peine
pu bénir le mariage de son neveu M. le docteur Génie Faugeyron, avec Mlle Eugénie Fabre ; dans l'après-midi, la crise suprême
se révélait, et, à deux heures du matin, Mgr Berteaud, après avoir
reçu tous les sacrements, rendait sa grande âme à Dieu et s'en-
dormait sans véritable agonie dans la paix du Seigneur, entouré
des familiers de sa maison.

— Quelle heure est-il, Jean ? demanda, durant cette nuit,
l'évêque à son fidèle serviteur, dont le dévouement, la douleur
et le courage dans ces tristes circonstances ne sauraient se
décrire.

— Il est une heure du matin, Monseigneur.

— Allons !... adieu... Soyez chrétiens... dans une heure ce
sera fini ! adieu !

Une heure plus tard, *c'était fini*, en effet ! MM. Lalitte et
Fortunade, anciens vicaire général et secrétaire de l'évêché,
lui fermaient les yeux.

Douze heures après la mort, M. Leymarie, pharmacien, et
M. de Chammard fils, docteur en médecine, pour lesquels
Mgr Berteaud avait depuis longtemps une bienveillance particulière, procédaient à l'embaumement, qui, vu l'âge du défunt et
le dépérissement qui l'avait enlevé, présentait des difficultés
graves que les jeunes praticiens ont heureusement surmontées ;
aussitôt, la chapelle du château de la Morguie était transfor-
mée en chapelle ardente et le corps du vénérable évêque y res-
tait exposé pour les prières et les visites des fidèles.

Depuis samedi, plus de cinq mille personnes ont accompli ce
pieux pélerinage ; dimanche, surtout, il y avait une foule con-
sidérable, la classe ouvrière s'y étant rendue en masse et dans
le plus grand recueillement ; nous ne croyons pas, nous pouvons
le dire, qu'il y ait une seule famille de Souilhac, par exemple,
qui ne s'y soit pas trouvée représentée.

Ce matin, enfin ! nous avons assisté à la cérémonie la plus
triste et la plus émouvante : vers huit heures, en présence de
la famille et de quelques personnes seulement, le corps de
Mgr Berteaud quittait la chapelle de La Morguie et prenait les
chemins de Tulle ; des paysans des environs, les petites filles
des sœurs de Sainte-Fortunade, le curé de cette modeste paroisse,
tel était le simple fond du cortège ; mais, ce convoi funèbre du
grand orateur que nous avons connu, quittant ce château à grands
airs et se profilant ainsi, aux lentes psalmodies liturgiques,
sous un ciel bleu, à travers les futaies, les eaux vives, les vastes
prairies, les paysages aux horizons variés, à travers ce Limousin,
en un mot, que Mgr Berteaud a perpétuellement chanté de sa
lèvre de poète et de patriote, tout cela avait un caractère de
grandeur, de calme, de sérénité, qui nous a vivement impres-
sionnés.

A dix heures et demie, le corbillard s'est arrêté au faubourg
Saint-Jacques ; le clergé et l'évêque de Tulle sont venus pren-
dre le corps du prélat qu'on a enlevé du cercueil pour le faire
entrer solennellement dans sa ville épiscopa'e, en ornements
pontificaux, la mître à la tête, la crosse à côté de lui ; suivant
les rites catholiques, de jeunes diacres du Grand-Séminaire ont
chargé sur leurs épaules la dépouille périssable de celui qui les a
consacrés aux premiers grades du sacerdoce ; le deuil étant
conduit par MM. Chapellet et Faugeyron, neveux du défunt, le
cortège religieux, accompagné ou suivi lui-même d'une foule
immense, s'est alors rendu à la cathédrale où l'archiprêtre a dit
une messe des morts, tandis que le corps reposait, exposé à la
vénération des fidèles, dans la chapelle ardente dressée à l'autel de Saint-Joseph. ·

C'est là que veillent à présent des prêtres et des religieuses
en prières.

Des hommes émus, des femmes attendries, des enfants im-
pressionnés, et des gens ne cachant pas leurs larmes, se succè-
dent à chaque instant devant le catafalque.

— C'est bien notre évêque, dit on : son petit corps grêle et
sa tête penchée du côté du cœur ; mais la face si expressive est
blêmie par le bismuth et immobilisée par la mort ; l'œil si vif
d'autrefois s'est clos pour le dernier sommeil : *Notre* évêque, à
nous qui n'avions vu et connu que lui, *notre* évêque n'est
plus !

Mais, à cette heure, nous pouvons le faire revivre par le passé
que l'on se rappelle les uns aux autres :

Orateur et théologien, Mgr Berteaud avait eu les auditoires
les plus illustres ; à Paris et à Rome, comme dans nos modestes villages, il avait jeté à profusion la parole divine et ses merveilleux filets ; il s'était conquis des admirateurs et des amis
enthousiastes ; croirait-on, par exemple, que Mgr Berteaud fut
intime avec Michelet ?

— Oui ! oui ! s'écriait-il un jour devant nous, j'aime Michelet ! Michelet a été mon ami Oui ! malgré ses grandes folies, il
avait un grand cœur ! Eh bien ! la miséricorde de Dieu est in-
finie ! à sa dernière heure, il a dû avoir un éclair d'en haut, un
éblouissement de vérité ! J'ai prié pour Michelet, je prie pour
lui ! Allons ! allons ! mes petits, je ne veux pas qu'on dise du
mal de Michelet devant moi !...

Mais ce grand « porte-parole de Dieu » qui avait les éclats
et l'élévation d'un Bossuet, avait aussi la charité et la bonté
d'un Fénelon :

Par un défaut que nous ne tairons pas, il était quelquefois vif
en parlant à ses prêtres ; mais avec quelle énergie il les défen-
dait contre toute attaque, et comme il leur ouvrait sa main et sa
bourse pour toutes les bonnes œuvres où toute sa fortune a
passé :

— Tu veux de l'argent, toi aussi ? — il donnait à chacun le
nom de sa paroisse — eh bien ! prends dans ce tiroir.

— Monseigneur, je prends donc 10 francs.

— 10 francs ! 10 francs ! ... tu en as donc assez avec mes 10 francs ?

— Monseigneur, il n'y a pas autre chose dans ce tiroir.

— Allons ! allons ! tant pis ! il fallait venir plus tôt ; les autres sont plus fins que toi, ils m'ont tout pris, les coquins ! et ils ont bien fait !

En réalité, il avait fallu, en effet, arriver, en dernier lieu, à chercher des proportions et des coefficients pour les charités de Mgr ; on le tarifait et on le mettait à la portion congrue : son budget rappelait par trop celui de Lamartine, cet autre poète ignorant des réalités et des nécessités de la vie !

S'il nous était permis d'ajouter une note personnelle à tout ce que nous avons dit, nous nous plairions à parler de l'excès de bienveillance dont nous honorait le vénéré prélat, bienveillance qu'il reportait sur toute notre famille et dont il tint à nous donner une preuve dans la circonstance la plus douloureuse de notre vie, en versant le baume de ses consolations éloquentes sur une de ces plaies du cœur qui malheureusement ne se cicatrisent jamais.

C'est même un grand chagrin pour nous de n'avoir, depuis longtemps, pu voir notre bon évêque et subir ses paternelles corrections :

— Te voilà ! mauvais chrétien !

— Monseigneur...

— Mauvais chrétien, te dis-je, ton journal et toi, et toi encore plus que ton journal !

— Monseigneur, on m'a pourtant élevé...

— Oui ! oui ! je sais bien qui t'a élevé, je n'en fais pas mon compliment à Massoulier, et puis tu es allé ailleurs : on t'a gâté, ailleurs !

— Mais, Monseigneur !...

— Allons ! allons ! tais-toi ! viens m'embrasser, mauvais drôle ! dis-moi comment va ton père ? et puis viens voir un livre imprimé à Tulle, en 1646, par Dalvy ; ce Dalvy était un chrétien, il imprimait le latin et le grec, avec des mots hébreux ; tu ne toucheras pas mon livre, tu pourrais me le voler !...

Nous ne pouvons que nous mettre en scène nous-même dans un journal ; mais, hélas ! avec qui le cher vieillard n'a-t-il eu de ces originales conversations où il versait pêle-mêle son esprit et son cœur, sa verve et sa tristesse, ses anathèmes et ses bénédictions ?...

C'est fini !... à cette heure, on va saluer son corps ; d'ici deux jours, on le portera au tombeau ; et puis que nous restera-t-il ?

Il nous restera beaucoup : un souvenir ineffaçable !

7 mai.

Hier soir, l'église cathédrale a commencé les préparatifs de la grande et triste cérémonie qui aura eu lieu aujourd'hui quand notre journal paraîtra : les draperies funèbres, aux larmes et aux initiales d'argent, ont été tendues sur toute la longueur de la nef ; un nouveau et magnifique catafalque a été dressé au milieu de l'église et le corps du vénérable évêque y a été déposé.

A ces derniers moments, il y a eu comme une recrudescence de piété et de vénération de la part des fidèles, jaloux de faire toucher des objets de piété ou d'approcher les enfants, tout émus de ce saisissant spectacle.

Ce sont des jeunes gens de notre ville, représentant le Cercle catholique, qui ont tenu à honneur et réclamé à ce titre de faire la dernière veillée de mort.

Dès ce matin, la ville de Tulle a eu un aspect inaccoutumé ; le train de huit heures du matin a conduit une foule des plus nombreuses ; de divers côtés, au moment où nous écrivons, on nous signale de nouvelles arrivées ; le clergé diocésain est représenté en très grand nombre.

La cérémonie d'aujourd'hui sera des plus imposantes.

Nous avons pu visiter, hier matin, le caveau funéraire où doivent reposer ce soir les restes mortels de notre cher évêque :

Mgr Berteaud avait, en effet, sa place toute prête depuis la fondation de la chapelle du Grand Séminaire, en 1870, à côté de son pieux prédécesseur, Mgr de Mailhet de Vachères ; ses armoiries étaient même sculptées audessus du cercueil de pierre où le vénéré prélat devait dormir un jour le dernier sommeil ; ce fils si aimant ne pouvait rejoindre sa mère que dans le monde spirituel sans reposer à côté d'elle ici-bas.

Le caveau dont nous parlons est situé au-dessous de l'entrée de la chapelle, et on y descend par un escalier placé à droite ; des ossements des anciens évêques de Tulle ont été recueillis dans un tout petit et tout mesquin cercueil en bois, relégué dans une sorte de coin de muraille ; deux grands cercueils en pierre sont placés du premier côté de ce véritable sépulcre : l'un comme nous l'avons dit, est celui de Mgr de Mailhet, l'autre est celui de Mgr Berteaud ; un magnifique monolithe calcaire où se dessine une simple croix, sans ornementation, recouvre chacun d'eux ; l'autre partie du caveau est vide et comporte la place de deux cercueils semblables qui n'y ont pas été installés.

Dès ce soir, le sépulcre sera scellé et ne devra se rouvrir que pour une cérémonie comme celle dont nous avons la tristesse de parler et que la Providence voudra bien éloigner de nous le plus longtemps possible.

La ville et le diocèse de Tulle, clergé et fidèles, viennent de faire à Mgr Berteaud des funérailles vraiment dignes de notre grand évêque: nous avons constaté, en effet, spectacle grandiose et touchant, cette *acclamation* funéraire d'une population indépendante, se levant tout entière, quittant ses ateliers et ses foyers, pour venir saluer le Mort triomphant.

Cela est vrai, et cela pourrait suffire; car à quoi servirait à cette heure d'énumérer longuement et tristement les détails d'une cérémonie qui a tant impressionné tous ceux qui en ont été témoins? Aussi, nous bornerons-nous à rappeler sommairement les points principaux qui peuvent être dignes de figurer dans ce compte-rendu, qui est malheureusement une des pages tristes de notre histoire locale.

Mercredi matin, la cathédrale était donc occupée par un flot sans cesse renouvelé de fidèles, et, lorsque est venue l'heure prescrite par les ordres de l'évêché, on a eu de la peine à éloigner tout le monde ; les autorités officielles et les notabilités locales auxquelles des sièges étaient réservées, ont successivement pris place dans notre vieille basilique ; nous avons remarqué, entr'autres, le Tribunal civil et les juges de paix en robes, le le corps d'officiers de l'artillerie et du 80°, les premiers représentants de l'Université, le personnel de diverses administrations, M. le Maire de Brive, une délégation de la Société de secours mutuels de Tulle ; les présidents et divers membres des Cercles catholiques de Tulle et de Brive, etc.

Jean, le fidèle serviteur de l'évêque, priait au pied du catafalque.

Les familles Chapellet et Faugeyron occupaient la place qui leur revenait au premier rang, dans cette circonstance douloureuse.

Un seul drap mortuaire devait être porté, et, plus tard, a été remis : d'un côté, à MM. Bayle, président du tribunal civil ; colonel Lestourgie, directeur de la Manufacture, et Talin, président des œuvres catholiques ; -- de l'autre, à MM. Charain, maire de Tulle ; colonel d'Hugues, du 80ᵉ de ligne ; et Pascal, secrétaire général, remplaçant le préfet en révision.

Un peu après dix heures, le cortège religieux, formé au palais épiscopal, est descendu vers la cathédrale et y a fait son entrée, à travers la haie du 80ᵉ, commandé par M. le chef de bataillon Martin.

Nous avons déjà dit l'ordre adopté d'avance par l'autorité ecclésiastique : une brigade de gendarmerie ouvrait la marche ; puis venaient les religieuses, les Frères des Ecoles chrétiennes, les députations des Cercles catholiques et des Petits Séminaires de Brive et Servières, le Grand Séminaire, les vicaires et curés, le Chapitre des chanoines honoraires et titulaires, NN. SS. les évêques (Mgr Gay, auxiliaire de Poitiers ; Mgr Duquesnay, de Limoges ; Mgr Dabert, de Périgueux ; Mgr Denéchau, de Tulle ; Mgr de La Tour d'Auvergne, archevêque de notre province ecclésiastique de Bourges).

Nous n'essaierons pas de redire la magnificence de cette cérémonie religieuse où l'Eglise de Tulle a déployé toutes ses pompes pour rendre tous les honneurs possibles au chef vénéré qu'elle venait de perdre ; les prières que jetaient vers le ciel tous ces prêtres, dans le langage mystique du rituel funèbre où les cris d'angoisses alternent avec des chants d'espérance ; la grande voix plaintive des orgues et les lentes harmonies de la musique militaire ; la parole brisée de l'archevêque qui accomplissait le saint sacrifice de la messe ; ces courts intervalles de silence complet sous les grandes voûtes de pierre ; et, par dessus tout, ce cadavre béni, élevé sur le haut catafalque, paré des plus beaux ornements, couvert des couronnes d'adieux de tous les siens, éclairé par les tons étranges que jettent les vitraux gothiques, — tout cela, en un mot, faisait peser sur l'âme une émotion profonde dont la tristesse et l'amertume n'excluaient pas pourtant une consolation et une espérance pieuses.

La cérémonie touchant à sa fin, Mgr Duquesnay est alors monté en chaire : il venait non pas lire la grande oraison funèbre réservée au service de quarantaine, mais donner un simple adieu à ce cher et illustre défunt dont la dépouille mortelle allait être bientôt scellée sous la pierre du sépulcre.

II

Déjà, avant-hier, au nom de tous les amis et de tous les fils spirituels de Mgr Berteaud, nous avons adressé nos plus chaleureux remerciements à Mgr Duquesnay, qui s'est inspiré des seuls mouvements de son âme ardente, pour être à la fois, comme nous l'avons écrit, et *notre interprète* et *notre témoin* à tous, dans ces adieux émus, jetés à l'improviste à ce défunt dont la mort silencieuse avait pourtant son éloquence à elle ; mais, aujourd'hui, après avoir, par une nouvelle affirmation, réitéré l'expression vive de toute cette gratitude, devons-nous aller plus loin ?

Essayerons-nous de retrouver quelques-unes des grandes lignes de cette allocution, pleine de feu et de cœur, et de relever quelques-uns des traits typiques par lesquels l'éloquent orateur de Limoges a retracé le portrait de l'ancien évêque de Tulle ?. .

Certes'! nous voudrions nous dérober à ce soin auquel — avouons le ! — nous ne nous attendions pas et que nous rend difficile l'émotion que nous avons éprouvée, avant-hier, à ces accents vibrants du prédicateur dont Saint-Laurent de Paris regrette toujours la parole ; mais Mgr Duquesnay est reparti pour Limoges trop tôt pour que nous ayons eu le temps de lui adresser la prière de vouloir bien, pour la mémoire de Mgr Berteaud, pour le diocèse de Tulle, recueillir ses souvenirs et nous faire donner une esquisse de son allocution de mercredi dernier; ainsi, nous en sommes réduits à nos seuls souvenirs, mal servis et mal disposés, pour ne point laisser dans cette relation un vide absolu que nos lecteurs regretteraient peut-être, en lui préférant même l'insuffisance d'une analyse imparfaite.

Defunctus adhuc loquitur ! s'est écrié tout d'abord l'éloquent orateur : il est là, ce défunt, et il nous semble encore entendre sa voix ! il est là celui que nous autres, évêques, nous saluions comme une des gloires de notre Eglise ! il est là, celui que vous, prêtres et fidèles de ce diocèse de Tulle, vous regardiez comme un père !...

Hélas ! pourquoi faut-il, dans ces heures de péril, que la mort vienne frapper ainsi les plus valeureux soldats de l'Eglise... Hier, c'était l'évêque d'Orléans, ce vaillant défenseur de nos libertés chrétiennes...; aujourd'hui, c'est l'évêque de Tulle, ce grand docteur dont la parole incomparable s'imposait à tous !... Ah ! Seigneur ! ne frappez plus dans ces rangs !.... laissez, Seigneur, tous ses grands évêques à la France !.....

Mgr Jean Baptiste Pierre-Léonard Berteaud était un grand évêque : il ne peut vous appartenir tout entier, ô diocèse de Tulle ! il était notre évêque à nous aussi, à nous tous'... Pour faire revivre sa mémoire, il convient donc de relever les traces de son passage parmi vous et de dire ensuite l'influence qu'il a exercée sur l'esprit religieux de son temps.....

Il y a trente-sept ans que Limoges vous envoyait le plus glorieux de ses fils, ce jeune chanoine théologal dont l'éloquence jetait alors un éclat si vif et si retentissant... l'abbé Berteaud n'avait que quarante-quatre ans, c'est bien jeune pour un évêque... il a donc, durant soixante années porté le fardeau du sacerdoce qu'il a remis dans toute sa plénitude !...

A peine arrivé dans ce diocèse de Tulle, ce fragment de la terre limousine, Mgr Berteaud a aimé ce pays, aux montagnes ondulées, aux eaux jaillissantes... il l'a aimé et l'a chanté avec passion, lui et son petit fleuve qu'il appelait sa « coureuse » et aussi son « Jourdain »....

Durant trente-six ans, il a été le pasteur de ce troupeau et a pleinement réalisé pour lui la grande règle que saint Paul donne à l'Evêque :... l'Evêque doit être hospitalier, dit l'Apôtre, — et qui ne se rappelle cette table toujours prête et ce foyer toujours ouvert de Mgr Berteaud !... l'Evêque ne doit pas être avide d'un gain sordide — et qui ignore cette charité sans bornes de celui qui ne chercha jamais que la noble richesse du Livre parce qu'elle répondait à son insatiable besoin de savoir.... l'Evêque doit être puissant et fort à la poursuite de l'erreur — et n'a-t on pas présentes à la mémoire les énergies et les fiertés de ce défunt contre les fabricateurs d'impostures, contre les menteurs hypocrites, contre les usurpateurs si puissants fussent-ils ?...

Le caractère d'évêque tracé par saint Paul a donc eu sa personnification dans Mgr Berteaud.... mais il est une passion qui a dominé toute la vie de ce prélat, c'est la passion de l'amour .. il a aimé le Verbe de Dieu, il a aimé la France, il a aimé son diocèse de Tulle.... cet homme a eu un cœur de mère... et comme l'amour appelle l'amour, on lui a rendu dès son vivant, et on lui rend aujourd'hui ses effusions de tendresses. .

On pourrait citer bien des traits de cette vie, mais en voici un seul qui la dépeint tout entière : vous connaissez l'adversion de Mgr Berteaud pour certaines innovations contemporaines, les chemins de fer en particulier... Il en donnait souvent les raisons : l'évêque, disait-il, doit voyager vraiment pour son diocèse : S'il trouve un enfant, il caressera sa tête blonde et mettra sur sa lèvre le bégaiement de la parole divine ; s'il voit un pauvre sur sa route, il le secourra ; s'il passe devant une croix, il doit prier ! Eh bien ! il faut être libre pour faire tout cela ! — Allons ! allons ! disait il, ne me parlez pas de vos inventions, elles m'empêcheraient d'être évêque ! C'est impossible !

Ainsi, Mgr Berteaud a été un évêque tout entier à son devoir... mais son œuvre ne s'est pas bornée aux limites de ce pays ; il a eu son influence, une influence immense, au-delà des frontières de son diocèse, sur le clergé et le mouvement religieux de l'époque.

Pourtant, ce docteur et cet orateur ne laisse pas d'ouvrages... quelques lettres pastorales, divers discours recueillis par des amis ou des admirateurs, des notes éparses, c'est tout ce qu'on pourra réunir lorsqu'on aura le soin pieux de publier les fragments précieux qu'il a laissés... et Mgr Berteaud avait et laisse la réputation d'un éminent docteur et d'un orateur sacré de premier ordre !... A Limoges, depuis bientôt quarante ans, on se rappelle les dissertations élevées du chanoine théologal, dans les grandes chaires de Paris ou de telles cathédrales, on a été étonné et ravi des accents de cette parole si personnelle ; Rome et le Colysée ont entendu avec émotion cette grande voix qui leur jetait la science du Verbe avec la même abondance, pleine de flammes, qu'il retrouvait pour évangéliser les plus petits hameaux de son diocèse.

Que serait ce si l'on pouvait rappeler ces conversations d'un tour si original, où, adoptant un tutoiement paternel avec ses prêtres, il les entretenait, dans leurs modestes presbytères, des plus hautes questions et des plus difficiles problèmes !...

Mgr Berteaud aimait aussi à s'adresser aux foules modestes et naïves en leur donnant familièrement, suivant son langage, les rudiments de la vérité, en mettant sur la lèvre des plus humbles les syllabes sacrées...

Tout cet enseignement a été ainsi jeté sans préoccupation de vaine gloire... Pourtant, tout cela n'était pas perdu... Dédaignant les esprits modernes, avec une fierté qu'il avait raison de montrer, Mgr Berteaud s'était adressé à saint Paul d'abord, aux Pères de l'Eglise souvent les moins connus, et puis aux grands théologiens, Thomas d'Aquin, Suarez, Scot, et il avait rapporté de ces études un suc théologique étonnant, des aperçus nouveaux pour tous, des affirmations que sa parole rendait d'une façon saisissante et avec un charme irrésistible... il était le docteur et le chantre de la Foi et du Verbe... ses grandes théories ne peuvent donc s'éteindre avec lui...

Si vous réunissez un théologien sublime, un orateur merveilleux, un poète plein de grâce, vous aurez l'évêque du Tulle... son éloquence n'était pas la pompe de Jean Chrysostôme, la royale majesté de Bossuet, la douceur ineffable de Fénelon, la logique pressante de Bourdaloue, la correction académique de Massillon... c'était la parole de Berteaud, c'était lui, c'était bien lui !...

Il faut donc pleurer ce grand évêque, car sa perte est immense pour ses frères de l'épiscopat, pour le clergé et pour les fidèles ; mais il ne faut pas oublier non plus qu'il est mort avec gloire et avec sainteté ;... oui, Monseigneur Berteaud, vous êtes un saint, et l'Eglise a dit que les âmes des justes scintilleront comme les étoiles au firmament ;... c'est là l'enseignement auquel nous convie la mort de cet évêque qui nous attend et nous appelle au ciel... *defunctus adhuc loquitur !...*

III

Mgr Duquesnay a fini, il descend de chaire et rentre au chœur; alors, touchant épisode au milieu de toutes ces tristesses, le vieil archiprêtre de Saint Yrieix, M. le curé Lalaurencie, le condisciple, l'ami de cœur de Mgr Berteaud, prend brusquement au passage la main de son évêque, la serre fortement et fond en larmes !...

C'est sous l'émotion de la grande et forte parole de Mgr Duquesnay que l'absoute a été donnée par les évêques, que le corps a été enlevé du catafalque pour être remis aux diacres et que le cortège s'est formé de nouveau pour monter au Grand-Séminaire.

Cette procession funèbre s'est déroulée dans l'ordre où elle était venue, par la place Saint-Julien, le quai Baluze, le quai de Lyon, la rue de l'Evêché, le quartier Saint-Jean, la vieille route de Clermont et le petit chemin du Grand-Séminaire. C'était un spectacle frappant, ces nombreuses corporations religieuses, ces quatre cents prêtres aux aubes blanches avec les officiants et les cinq prélats en grands ornements sacerdotaux ; et aussi la haie des soldats à l'arme baissée ; puis, la foule immense des autorités et des fidèles ! Ajoutons encore les chants liturgiques ; les marches de la musique alternant avec les sourds roulements des tambours et les sons éteints des clairons voilés de crêpe ; enfin, partout le recueillement et le respect, des visages émus et attendris, tous les magasins fermés, çà et là des draperies aux naïves inscriptions de regrets !...

Sur toute la colline du Grand-Séminaire, des groupes nombreux s'étageaient en cent endroits ; la chapelle était défendue avec peine contre un trop grand empressement ; enfin, le clergé officiant, la famille et quelques personnes privilégiées étaient introduites : le corps de Mgr Berteaud, dont l'embaumement avait résisté au-delà de toute espérance aux difficultés de l'âge, de la maladie et du grand air, le corps de notre grand et cher évêque était descendu au sépulcre ; des mains amies le plaçaient dans son double cercueil ; la grande croix de pierre se fermait sur lui !

Les dernières prières se disaient.

Sept mille personnes se dispersaient sous l'impression puissante de cette imposante cérémonie.

Tulle, 2 mai 1879.

Au Clergé et aux Fidèles, etc.

A peine arrivé au milieu de vous, nos Très Chers Frères, il faut vous annoncer une douloureuse nouvelle qui va porter le deuil dans tout ce Diocèse et bien plus loin encore. Ce matin, à deux heures, presque sans maladie et sans agonie, par suite d'une blessure en apparence légère qui avait bientôt pris des caractères inquiétants, votre ancien Evêque a rendu le dernier soupir; réconforté par les derniers Sacrements de l'Eglise, il a paisiblement franchi ce terrible passage qui n'était pour lui que le trait-d'union entre les souvenirs de sa sainte vie et l'accomplissement des éternelles espérances; jusqu'à la fin, il a conservé la lucidité de son esprit, avec la vivacité de sa foi et la tendresse de sa piété.

Ah! sans doute, cette mort que nous n'attendions pas si tôt, nous frappe tous du coup le plus sensible. Vous aimiez à le revoir, à le visiter souvent dans sa paisible retraite; vous aimiez à savoir qu'il était encore parmi vous; les liens formés entre vous et lui depuis trente sept années, n'étaient pas rompus. Et, de Notre côté, trouvant en lui dès le premier jour, l'accueil le plus bienveillant et le plus gracieux, Nous étions heureux de ce voisinage qui Nous promettait de douces relations et qui Nous semblait un gage de bénédiction pour Notre ministère. Hélas! il n'est plus, N. T. C. F., et cette fois, il Nous a vraiment quittés! Mais c'est pour rendre à Dieu sa belle âme; c'est pour contempler sans voile ce qu'il entrevoyait avec ravissement. Oui, nous en avons la douce confiance: il aura reçu du Verbe de Dieu qu'il a tant aimé et si bien servi, la récompense due aux vertus et aux mérites qui ont rempli sa longue carrière. Toutefois, N. T. C. F., si de légères fautes lui étaient échappées dans les grandes responsabilités de sa charge ou dans le cours de ses relations ordinaires, s'il n'avait pas encore entièrement achevé de satisfaire la justice d'un Dieu aussi sévère dans l'autre vie que miséricordieux ici-bas, vous êtes là pour lui venir en aide par vos pieux suffrages, pour témoigner votre piété filiale à l'égard de ce bien-aimé Père, pour le payer de retour, au centuple, s'il vous est possible, vous qu'il a bénis, vous qu'il a secourus, vous qu'il a confirmés, vous qu'il a ordonnés, vous tous enfin qu'il a comblés de son affection et de ses bienfaits! Ah! soyez-en bien assurés : Nous prenons aussi à Notre compte la dette sacrée de votre reconnaissance envers lui. Et d'ailleurs ne lui sommes-nous pas personnellement redevable à bien des titres? Comment surtout pourrions-Nous ne pas prier pour lui, quand il n'a pas cessé, jusqu'à son dernier jour et presque à son dernier moment, de redire à ses visiteurs cette instante recommandation plus précieuse que tous les éloges dont elle était accompagnée : « *Priez, priez bien pour mon Successeur?* »

A ces causes, etc.

† Henri-Charles-Dominique,
Évêque de Tulle.

—

Limoges, 3 mai 1879.

Monsieur le Curé,

J'ai la douleur de vous annoncer la mort de Mgr Berteaud, ancien Evêque de Tulle ; il est décédé hier, vendredi, 2 mai, dans la maison qu'il habitait, près de Tulle, depuis un mois seulement.

Trop de liens rattachent l'illustre Défunt au Diocèse de Limoges pour que nous ne soyions pas particulièrement émus de cette perte.

Jean-Baptiste-Pierre-Léonard Berteaud est né à Limoges le 30 novembre 1798 ; on montre encore ici sa maison paternelle qui lui est restée chère jusqu'à la fin. C'est à Limoges qu'il a fait ses humanités, puis ses études théologiques ; c'est des mains de l'Evêque de Limoges qu'il a reçu les ordres sacrés. Professeur, déjà renommé, de Notre Séminaire du Dorat, puis chanoine théologal de Notre Chapitre, et, comme tel, connu dans toute la France et appelé dans toutes les chaires, c'est dans la Cathédrale de Limoges, et des mains de Monseigneur de Tournefort, que le 21 septembre 1842, il a été consacré Evêque de Tulle.

Vous le voyez, toute sa vie nous appartient ; j'ai raison de dire toute sa vie, car, en allant à Tulle, il ne s'était pas séparé de nous ; ses plus chères affections, ses meilleurs souvenirs étaient pour son cher Limoges. Quelle joie quand il y revenait ! C'était pour lui un rajeunissement. Il se plaisait à rappeler les noms des anciens de la cité, l'histoire de nos plus honorables familles, les vieilles traditions locales, et puis, avec cette parole enthousiaste et colorée qui donnait tant de charme à sa conversation, pour sa ville de Limoges, pour son cher Limousin il revendiquait fièrement toutes les gloires patriotiques et religieuses.

Quand un prêtre ou un habitant de Limoges allait le saluer dans son Palais Episcopal de Tulle, quel accueil ne lui faisait-il pas, c'étaient de paternelles caresses dont seul il avait le privilége, c'étaient d'interminables causeries dont son cœur et son esprit faisaient tous les frais ; il fallait absolument s'asseoir à sa table, il fallait élire domicile chez lui, il ne voulait jamais vous laisser partir, et vous, vous ne partiez qu'à regret, tant vous étiez heureux près de cet aimable et spirituel vieillard ! Lorsqu'il venait à Limoges prêter à nos solennités l'éclat de sa magique parole, il fallait voir comme les foules se pressaient autour de lui ! Tous voulaient l'approcher, baiser ses mains, s'entendre nommer par lui, recevoir sa bénédiction. Nous étions impuissant à le protéger contre ces indiscrétions de l'amour populaire ; et lui, il s'y complaisait, il allait à petit pas, souriant à tous, prodiguant les caresses, jetant de ça de là ces paroles tendres, aimables et gaies, qui ravissaient tous les cœurs ; sa marche dans nos rues. sa présence dans nos Eglises étaient une véritable ovation. Ah ! oui ! Monseigneur Berteaud a beaucoup aimé Limoges, et, en retour, Limoges l'a beaucoup aimé !

Que n'aurais-je pas à dire de son grand esprit, de sa merveilleuse érudition, de son incomparable langage ? Les orateurs sacrés qui auront l'honneur de prononcer son oraison funèbre, les biographes qui écriront l'histoire de sa vie, les éditeurs qui publieront ses œuvres mettront en lumière le grand théologien, l'orateur et le poëte catholique ; ils diront aussi la simplicité charmante de son caractère, la générosité de son cœur, la vivacité de sa foi, son inviolable attachement au Saint-Siège Apostolique, sa haine vigoureuse de la sottise humaine et de l'impiété révolutionnaire, et aussi son amour passionné de la vérité et de la justice. Oui, on nous dira tout cela ; on le fera survivre à lui-même, on l'immortalisera ce grand Evêque, et nous, ses concitoyens, nous applaudirons à toutes ces louanges, et nous nous estimerons heureux et fiers de l'avoir connu, de l'avoir aimé et d'avoir été aimés par lui.

Mais prions pour lui ; il attend de Nous ce suprême témoignage de respect et d'amour. Prêtres, dont il a été le maître au Dorat, vous, ses confrères d'autrefois, vous tous ses admirateurs et ses amis, montez à l'autel du sacrifice et offrez la divine victime pour le repos de son âme. Fidèles de la ville et du Diocèse qu'il a évangélisés, qu'il a bénis, qu'il a tant aimés, ah ! priez, priez ! tous pour cet Evêque qui était pour vous un ami et un père.

Nous Nous faisons l'interprète des sentiments de tous en prescrivant qu'un service solennel sera célébré dans notre Cathédrale, le vendredi 9 mai, à neuf heures, pour le repos de l'âme

de Monseigneur Jean-Baptiste-Pierre-Léonard Berteaud, ancien
Evêque de Tulle.

Croyez, monsieur le curé, à mes sentiments dévoués en Notre-
Seigneur.

† ALFRED, Evêque de Limoges.

———

Paris, 2 mai 1879.

Les deux grands journaux religieux de Paris ont annoncé la
mort de Mgr Berteaud dans les termes des plus vifs regrets.

Nous lisons, en effet, dans l'*Univers* :

« Nous apprenons une nouvelle qui aura un retentissement
douloureux dans toute l'Eglise de France. Mgr Berteaud, l'ancien
évêque de Tulle, le grand évêque de Tulle, comme avaient cou-
tume de l'appeler tant de catholiques, vient de mourir au château
de la Morguie, où il s'était retiré en ces derniers temps pour y
goûter le repos nécessité par l'état de sa santé.

» On sait que, depuis plusieurs mois, Mgr Berteaud avait
résigné ses fonctions épiscopales, l'administration d'un diocèse
lui étant devenue impossible à cause de son grand âge. Mais il
avait conservé et il a gardé jusqu'au bout cette merveilleuse
intelligence dont il a laissé tant de beaux souvenirs, partout où
s'est fait entendre sa voix si éloquente, si nourrie de doctrine,
si pleine d'onction.

» Un autre jour, nous redirons ses œuvres ; aujourd'hui nous
ne pouvons et nous ne voulons que saluer à son passage pour
l'autre vie cette grande figure d'évêque, qui a marqué d'une si
originale et si puissante empreinte son long et fécond épiscopat. »

Le *Monde* dit de son côté :

« Mgr Berteaud vient de mourir. Une lettre pastorale de
Mgr l'évêque de Tulle nous apporte cette nouvelle. Ce grand
évêque était une gloire de l'Eglise et de la France. Son éloquence, toute pleine de théologie et de poésie, rappelait l'éloquence des Basile et des Grégoire de Nazianze. Le charme de
sa parole fascinait les foules avides de l'entendre. Sa science
était immense dans les lettres sacrées. Un grand nombre de ses
discours et mandements, que nos lecteurs connaissent, vivront à
toujours par la hauteur des idées et par la beauté de l'expression.
Nous apprécierons plus longuement les œuvres et le génie de ce
saint évêque. »

5 mai 1879.

Mgr Jean-Baptiste-Pierre Léonard Berteaud était né à Limoges le 30 novembre 1798 ; précédemment chanoine théologal de Limoges ; nommé par ordonnance royale du 15 juin 1842 ; préconisé le 23 juillet suivant ; sacré dans sa ville natale le 21 septembre 1842, et entré solennellement à Tulle le 26 du même mois ; il était démissionnaire depuis le 3 septembre 1878, mais chargé par le Souverain Pontife du gouvernement du diocèse jusqu'à la prise de possession de son successeur qui eut lieu le 25 avril dernier.

Cet épiscopat a été le plus long et le plus glorieux de notre diocèse ; aussi, dès aujourd'hui, tenons-nous à dire que le souvenir de cet apostolat de trente-six ans mérite d'être consacré par un monument de commémoration funéraire, digne de rappeler l'Éloquence, la Charité, le Patriotisme du prélat limousin, en faisant appel au concours de tous ceux qui en furent les témoins

Soit à côté du tombeau de sa mère au Puy-Saint-Clair, soit dans cette vieille cathédrale où sa parole éloquente a retenti si souvent, soit dans ces cloîtres splendides dont il provoqua la restauration encore inachevée, — quelque part, n'importe où, partout où l'on voudra — il est bon de rappeler publiquement ici la mémoire de celui qui fut trente-six ans évêque de Tulle et auquel la mort vient de donner l'auréole de la plus sainte popularité.

Tout nous dit d'avance que nous répondons par cette initiative à un sentiment populaire.